AF232941

ORAISON FUNÈBRE

DE

Mgr J. M. A. GUÉRIN

ÉVÊQUE DE LANGRES

PRONONCÉE

dans la cathédrale de St-Mammès

LE 16 MAI 1877

PAR

MONSEIGNEUR BESSON

ÉVÊQUE DE NÎMES

LANGRES

IMPRIMERIE ET LIBRAIRIE FIRMIN DANGIEN

3, rue de l'Homme-Sauvage, 3

1877

REPRODUCTION INTERDITE

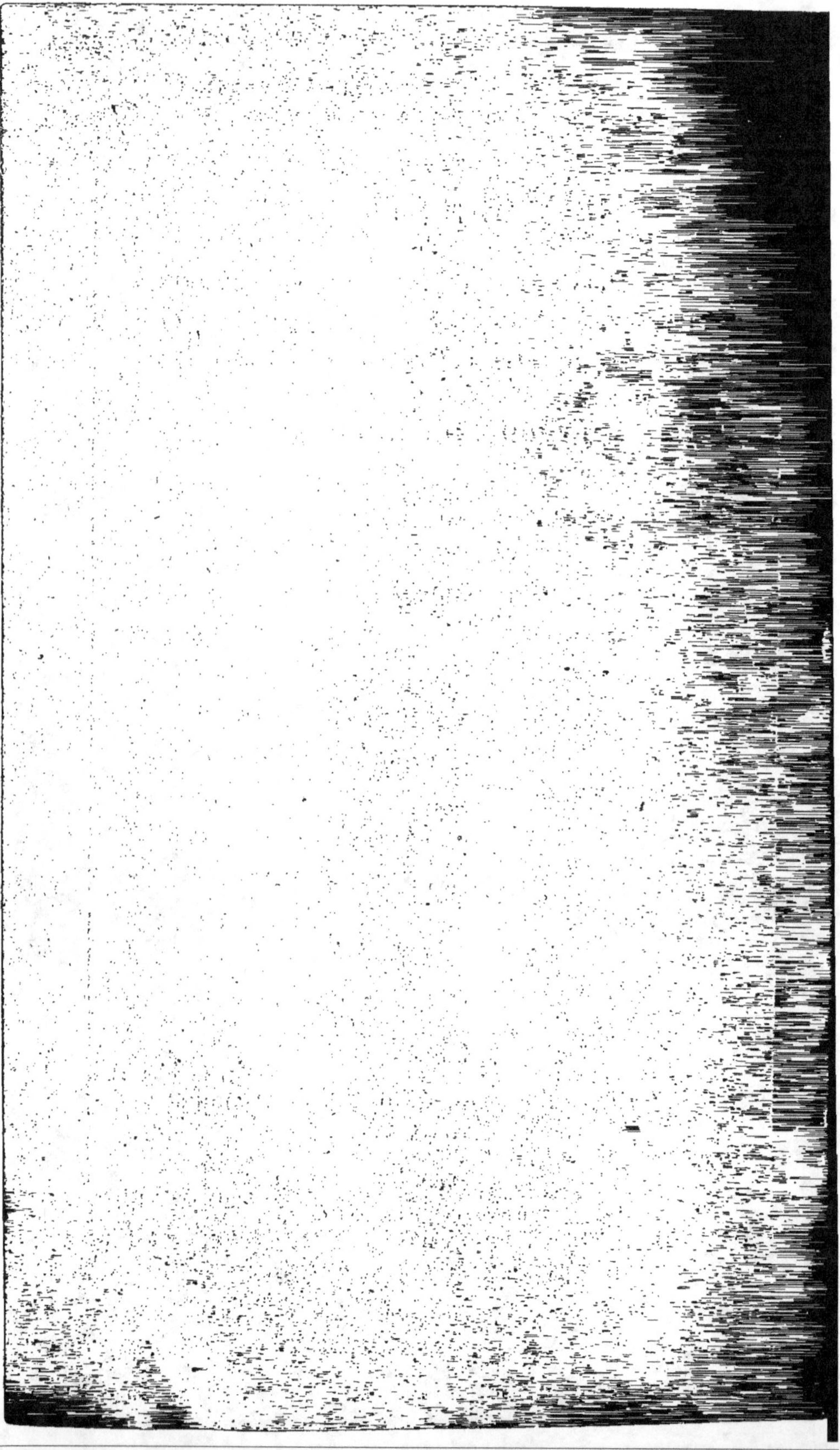

ORAISON FUNÈBRE

DE

MONSEIGNEUR J.-J.-M.-A. GUERRIN

ÈVÊQUE DE LANGRES

Ln²⁷
29807

ORAISON FUNÈBRE

DE

MGR J.-J.-M.-A. GUERRIN

ÉVÊQUE DE LANGRES

PRONONCÉE

dans la cathédrale de St-Mammès

LE 16 MAI 1877

PAR

MONSEIGNEUR BESSON

ÉVÊQUE DE NIMES

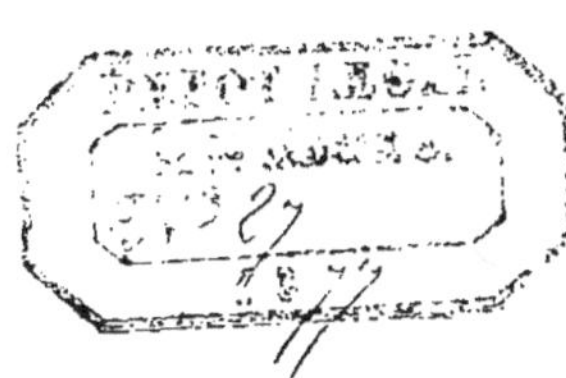

LANGRES

IMPRIMERIE ET LIBRAIRIE FIRMIN DANGIEN

3, rue de l'Homme-Sauvage, 3

—

1877

REPRODUCTION INTERDITE

Le mercredi 16 mai, la cathédrale de Langres apparaissait avec tous les emblêmes d'un grand deuil, celui que porte le diocèse depuis que la mort lui a ravi le Pontife qui l'a dirigé pendant un quart de siècle, et qui lui donnait le spectacle et l'édification de toutes les vertus. C'est que ce jour là on célébrait le service quarantal de Mgr Guerrin, et cette date, qui faisait revivre tous les regrets, ranimait tous les sentiments de vénération envers une sainte mémoire. Ce jour là aussi nous devions avoir le bonheur d'entendre l'oraison funèbre de notre Père en J.-C., d'une des bouches les plus éloquentes de l'épiscopat français, celle de Monseigneur Besson, évêque de Nîmes, d'abord disciple, ensuite collègue, mais toujours ami] fidèle du vénéré défunt.

Nous ne dirons rien de la cérémonie, à laquelle assistaient, avec l'élite de la magistrature et de l'armée, tout le corps municipal, des prêtres accourus de tout les points du diocèse de Langres, et grand nombre d'ecclésiastiques du diocèse de Besançon (1), où Monseigneur Guerrin à laissé tant de souvenir. La messe a été chantée par M. l'abbé Clastron, vicaire général de Nîmes, et la maîtrise de la cathédrale y a fait alterner les chants les mieux exécutés avec la belle musique du 21e de ligne. Le grand événement, ç'a été l'oraison funèbre de Celui qui recevait sur sa tombe tant de témoignages de douleur et de vénération.

---

(1) On remarquait parmi eux M. l'abbé Perrin, vicaire général, M. l'abbé Suchet, curé archiprêtre, et M. le curé de Vesoul, ville natale de Monseigneur Guerrin.

Aprés l'évangile Mgr Besson est monté en chaire, et il n'avait pas plutôt commencé son exorde, où tous les souvenirs les plus émouvants étaient rappelés, que déjà son auditoire en était aux larmes et à l'admiration.

L'oraison funèbre qu'on va lire, nous dispense d'en dire plus. Rarement l'éloquence a mieux mêlé ensemble les hautes pensées et les nobles sentiments ; les émotions qu'on éprouvera à la lecture, dépourvue de l'accent et du geste qui les rendaient si vives, donneront une idée de celles qui saisissaient l'immense auditoire, et tous proclameront que si le sujet était grand, si celui dont la vie et les vertus inspiraient l'orateur méritait l'hommage d'un éloge éloquent, cet éloge restera comme un des beaux monuments de la chaire chrétienne.

(*Semaine religieuse* de Langres.)

ORAISON FUNÈBRE

DE

MGR JEAN-JACQUES-MARIE-ANTOINE GUERRIN

ÉVÊQUE DE LANGRES

———

Erat quippe valde sapiens.
C'était un homme profondément sage.
I. Par. xv, 22.

Il y a deux ans à peine j'abordais cette chaire pour la première fois et je prononçais le panégyrique de saint Mammès devant deux grands prélats qui m'honoraient de leur bienveillance et me couvraient de leur protection. (1) O doux et cruel souvenir ! ô fête trop tôt suivie d'immortels regrets ! La mort se mêlait déjà à la foule des fidèles et nous n'avions pas remarqué ses approches. Mais elle, voyant ces deux pontifes couverts de gloire et rayonnants de bonheur au milieu de ce sanctuaire, les marquait par avance pour les mettre au tombeau. Ce n'est que pour les pleurer que j'ai repris la parole dans leur cathédrale et, après avoir rempli ce devoir funèbre envers le cardinal archevêque

(1) Panégyrique de saint Mammès prononcé dans la cathédrale de Langres devant Mgr Mathieu, archevêque de Besançon, et Mgr Guerrin, évêque de Langres, le 4 avril 1875.

de Besançon, mon père et mon bienfaiteur, (1) voilà que l'évêque de Langres, mon bienfaiteur et mon ami, devient presque aussitôt pour moi le sujet d'un discours semblable, tant il est vrai que l'impitoyable mort nous surprend, nous force, nous confond tous les jours et ne nous laisse plus que le choix des larmes entre tant d'hommes de bien qui auraient mérité de vivre toujours !

Six mois après la fête de saint Mammès, pardonnez-moi encore ce souvenir, c'est le souvenir d'une grande grâce et d'un grand service, deux évêques me présentaient à l'autel et demandaient pour mon indignité la plénitude du sacerdoce. O surprise ! ô contraste ! ô mortels ignorants de leur destinée ! Des deux parrains de mon sacre, l'un vient de prendre la pourpre aux applaudissements de la France et de l'Eglise, l'autre le linceul au milieu des larmes de cette cité et de ce diocèse, et pour que rien ne manque à tant de leçons, Dieu qui nous avait réunis tous les trois pour la fête d'un sacre dans la cathédrale de Besançon, nous ramène tous les trois dans la cathédrale de Langres pour une cérémonie funèbre. L'un est couché dans la tombe et les deux autres sont destinés à mener son deuil. Le premier usage que l'archevêque de Lyon fera de la pourpre qu'il vient de revêtir sera de l'étaler dans les obsèques de l'évêque de Langres, comme pour rendre plus sensible encore la vanité des grandeurs humaines ; la première parole que l'évêque de Nîmes rapportera dans cette chaire sera mêlée d'autant de larmes que de reconnaissance, et il n'aura plus d'autres remerciements à offrir au parrain de son sacre que la vaine louange d'une oraison funèbre.

Il faut cependant surmonter notre douleur et essayer

(1) Oraison funèbre de Mgr le cardinal Mathieu, archevêque de Besançon, prononcée dans l'église métropolitaine de Besançon, le 15 juillet 1875.

de remplir votre attente. J'ai appelé votre évêque un homme profondément sage ; c'est l'Ecriture qui me fournit cette parole, mais les deux grands diocèses entre lesquels il a partagé sa vie viennent déclarer aujourd'hui que jamais parole n'a été appliquée avec plus de vérité, de justesse et de profondeur. Besançon a admiré en lui le plus sage des prêtres, Langres le plus sage des évêques. La sagesse était née avec lui, elle l'a guidé, soutenu, animé avec une admirable persévérance ; elle a fait, dans les situations les plus diverses, l'unité de son caractère et de sa vie, en sorte que toute sa carrière, marquée d'un bout à l'autre de la même empreinte n'a été pour ainsi dire qu'une longue maturité. C'est ce que nous verrons dans ce discours consacré à la mémoire de notre *Révérendissime et Illustrissime Père en Dieu Monseigneur Jean-Jacques-Marie-Antoine Guerrin, évêque de Langres.*

I

Remontez par la pensée à la dernière heure de cette année (1) fameuse par ses crimes et ses désastres, en qui se résume, ce semble, tout l'affreux génie de la révolution et qui demeurera dans l'histoire l'horreur du genre humain. Ce fut l'année où votre évêque vint au monde. Il appartenait par sa famille à cette bourgeoisie du dernier siècle, si intelligente, si modeste, si chrétienne qui préparait à nos provinces tant d'hommes distingués pour administrer les affaires publiques. Le nom qu'il porte, cher au barreau comme au sacerdoce, est noblement popu-

---

(1) Mgr Guerrin naquit à Vesoul (Haute-Saône) le 31 décembre 1793 ; il fut nommé évêque de Langres par décret du 15 octobre 1851 ; sa préconisation eut lieu le 15 mars 1852 et son sacre, le 23 mai suivant.

laire dans toute la Comté. Vesoul qui s'honore de lui avoir donné le jour n'avait rien perdu ni de la pureté de la foi ni de la simplicité des anciennes mœurs au milieu des troubles de la révolution triomphante. C'était le troisième fruit d'une chaste union qui avait été bénie devant les autels ; mais le jour où Jean fut fait enfant de Dieu et de l'Eglise, la collégiale de saint Georges était devenue le temple de la Raison, le baptistère était fermé, et l'eau sainte coula sur son front dans le secret du foyer domestique des mains d'un prêtre fidèle à qui la révolution faisait un crime de baptiser et de bénir. Ne craignez rien cependant pour l'éducation du nouveau-né. Sa mère est un prodige de fermeté autant que de tendresse. Plus sa famille augmente plus l'autorité du commandement se fortifie dans sa main et les douze enfants que Dieu lui donne n'ont pas cessé de remercier Dieu de leur avoir donné pour mère la femme forte de l'Ecriture. Vesoul l'a connue et bénie jusqu'aux dernières limites de la vie humaine, cette vaillante mère, l'honneur de son sexe et de tout le pays ; notre province entière a rendu hommage à son grand caractère. Ce n'était pas elle qui eût imploré, pour avertir ou corriger ses enfants, le secours d'une autre bouche ou d'un autre bras. Sachant qu'elle avait reçu de Dieu une part de l'autorité, elle l'exerçait avec cette décision souveraine qui en assure le succès. L'évêque de Langres a eu comme les prémices de cette forte maternité et il en a goûté toutes les douceurs. O femme admirable ! ô mère vraiment digne de compter un évêque parmi ses enfants ! elle a vécu assez pour assister à son sacre et recevoir sa première bénédiction ; mais après s'être courbée sous sa main, elle n'a cessé de lui commander encore et d'en être obéie, tant l'autorité de cette mère était grande, tant ce fils aimant et dévoué demeura sage, jusque sur son siége épiscopal, dans l'obéissance qu'il rendait à sa mère : *Erat quippe valde sapiens.*

Après la famille, le collége. Le collége de Vesoul venait
à peine de renaître avec l'ordre public quand cet enfant
de bénédiction y fut présenté. C'est un de ces colléges
d'ancien régime dont il est bien permis de regretter l'aus-
tère discipline au milieu de tant d'innovations et de
complaisances qui ont affaibli le nerf de l'éducation
moderne. On y supportait le froid sans se plaindre, on y
travaillait sans relache, on y jouait à l'heure marquée
avec le même entrain, on n'y connaissait d'autre plaisir
que celui d'être le premier de sa classe, d'autre honte que
celle d'être devancé par ses rivaux dans les jeux comme
dans les études. Jean Guerrin y débuta à l'âge de neuf ans.
Il y fut, dès le premier jour, ce qu'il fut toute sa vie,
modeste, appliqué, laborieux, grave sans raideur, poli
sans affectation, faisant chaque chose en son temps et
faisant toute chose avec poids, nombre et mesure. C'était
le sage de l'école. Le plus jeune de sa classe il en fut
bientôt le premier et il garda son rang jusqu'à la fin avec
l'obstination de cette précoce sagesse plutôt qu'avec
l'ardeur du succès. Sa rhétorique achevée, il la redoubla
pour mieux en recueillir les fruits. Imaginez dans ce rhéto-
ricien de quatorze ans tous les mérites qu'un écolier peut
réunir. Son écriture est d'une rare beauté, son style d'une
correction élégante; il lit à merveille, il chante à ravir,
les beaux-arts ont pour lui je ne sais quel attrait auquel il
se reproche de céder un peu; il dessine, il peint, il pétrit
la terre et sculpte le bois avec une égale habileté, il
manie l'archet avec plus de talent encore; il fait l'admiration de toute la cité. Que le monde ait envié à l'Eglise
un tel trésor, je ne m'en étonne pas; mais que l'Eglise ait
eu, dès le commencement, toutes ses préférences et qu'il
n'ait donné au monde ni un regard ni un regret, il y a de
quoi s'en étonner encore moins, puisque c'est là un trait
auquel la sagesse se fait aisément reconnaitre. Du collége
au Séminaire il n'y a qu'un pas pour le jeune homme qui a

entendu la voix de Dieu. Le lauréat de Vesoul se rendit au premier appel du Seigneur, comme le disciple bien-aimé dont il portait le nom et l'école théologique de Besançon compta une nouvelle gloire.

Qu'il vienne, qu'il dispuste la palme des concours aux plus redoutables athlètes de cette illustre école, il ne conviendra jamais qu'il a paru digne d'entrer en comparaison avec eux. Ses condisciples étaient destinés aux sieges de Montauban, de Perpignan, de Reims, et dans celui de Reims aux honneurs de la pourpre romaine. Il aimait à rappeler les premiers traits de leur réputation naissante. Il citait, non sans un doux sourire, M. l'abbé Doney qui l'avait gagné dès le commencement par la délicatesse de ses procédés, la subtilité de son esprit et les spirituelles saillies de sa conversation. Il avait reçu les confidences de M. Gerbet qui s'élevait déjà sur les ailes de la poésie jusque dans les hauteurs des cieux. M. Gousset continua avec lui la sainte amitié contractée sur les bancs du collége de Vesoul, révélant déjà son génie théologique jusque dans les entretiens de la familiarité par son obstination laborieuse, son rare jugement et la prompte décision de sa parole. Voilà le témoignage que M. Guerrin rendait à ses émules, et ses émules qui étaient tous ses amis ne se lassaient pas d'admirer sa belle intelligence servie par une belle éducation, son âme élevée et droite, la sûreté de son commerce, la pieuse solidité de sa vertu. Au Séminaire comme au collége on continua de le vénérer comme un sage et de le copier comme un modèle.

Sa théologie achevée, que fera-t-il de ses vingt ans ? Je vais le dire sans détour, comme il a bien voulu me le raconter lui-même sans embarras. Il venait d'apprendre que la Compagnie de Jésus était rentrée en France et qu'elle ouvrait un noviciat à Montrouge. Le P. Varin qu'il avait vu à Besançon lui avait inspiré un vif désir de se vouer au service des autels dans cette glorieuse avant-

garde qui reçoit et qui donne les premiers coups au milieu des batailles de l'Eglise. Soit par timidité, soit par prudence, M. l'abbé Guerrin quitta Vesoul comme à la dérobée après s'être expliqué en termes discrets sur cette vocation religieuse, comptant que Dieu achéverait de déclarer à ses parents l'étendue de son sacrifice; mais Dieu se contenta de sa bonne volonté. Quelques jours avant qu'il eût atteint sa majorité légale, un ordre paternel qui lui fut signifié par l'autorité civile, le faisait rentrer au foyer domestique. Il obéit, entendant dans son père la voix de Dieu même. Il obéit, et quand l'âge lui rendit sa liberté, il ne songea pas même à en revendiquer l'usage pour accomplir son pieux dessein. Il obéit, il faut l'en louer. Le Ciel qui avait ses vues se servit de l'autorité paternelle et de la loi française pour rendre au clergé séculier cette âme généreuse. Encore un trait de docilité et de sagesse que Dieu a béni et dont nous avons recueilli les fruits glorieux !

Mais ce qu'il n'a pu donner à la Compagnie de Jésus, il le donne tout entier à Dieu et à l'Eglise de Besançon. Je ne vous peindrai pas M. l'abbé Guerrin dans le jour mémorable où il tomba la face contre terre pour prononcer les vœux du soús-diaconat, ni dans la joie de cette première messe longtemps attendue, où sa mère prit une si grande part et qui fut, pour Vesoul, comme la fête de la piété publique. Sa ville natale qui eut les prémices de son ministère jouissait avec une sorte de fierté de la beauté de sa voix, de la dignité de son maintien et de l'autorité de sa parole. Mais déjà la meilleure part de sa vie appartenait à l'enseignement des petits-séminaires. Il enseigna les humanités à Vesoul et la rhétorique à Luxeuil, avec cette justesse d'esprit, cette sûreté de goût, cette délicatesse de sentiment, cette politesse dans le ton et dans les manières qui semblent aujourd'hui des secrets perdus, même dans les grandes cités et les grandes écoles. Luxeuil le posséda près de vingt ans. Il acheva de s'y former à la direction des âmes par les leçons et les exemples d'un saint prêtre, M. l'abbé Brésard, qui venait de restaurer pour la jeunesse des Vosges cette abbaye dont la gloire passée était connue de tout l'univers ; et, quand ce vénérable vieillard succomba sous le poids de l'âge et du travail, son successeur ne fut pas un seul jour ni incertain ni contesté, M. l'abbé Guerrin était déjà le supérieur de Luxeuil.

Représentez-vous le monastère de Luxeuil avec ses vieux cloîtres et ses vieux ombrages, ses annales qui datent de Charlemagne et de Clotaire, toute cette histoire qui est l'histoire même de la Séquanie et de la France chrétiennes, M. l'abbé Guerrin était fait, ce semble, pour y commander du geste et de la voix, la repeupler par son génie et y laisser, comme un grand souvenir, l'image de sa vertu. Il avait des anciens la simplicité grave, la noble langue, la vraie sagesse que la foi inspire, que la règle soutient, que la raison elle-même demande à l'homme de Dieu. Cette sagesse n'avait ni importunités, ni tristesses. Pour lui toutes les austérités et toutes les mortifications ; pour les autres toutes les tolérances et toutes les douceurs, Il veillait toujours, mais avec quelle prudence et quelle discrétion ! Il reprenait quelquefois, mais avec quelle modération et quels ménagements ! Il traitait avec un souverain respect les jeunes âmes en qui il s'efforçait de deviner, de susciter, de former des prêtres, et quand la grâce du sacerdoce ne leur semblait point départie, il rendait au monde ses plus chers disciples, mais il les rendait comme pénétrés de toute part par les sentiments de la foi, jaloux de la défendre, heureux de l'affirmer par leur conduite, fiers à tout jamais d'avoir appartenu au petit-séminaire de Luxeuil. — Le diocèse de Besançon lui doit dans tous les rangs de la hiérarchie d'admirables modèles de science, de piété, de crainte de Dieu et de dévouement. O élèves chéris du meilleur des maîtres, vous êtes aujourd'hui les vétérans du sacerdoce franc-comtois. Non, je ne pouvais taire ici ni vos hommages ni vos regrets. Vous venez à ce tombeau avec des souvenirs qui datent de cinquante ans ; mais les souvenirs du cœur ne vieillissent jamais. Vous revoyez du même coup et comme en un tableau, à côté de l'évêque de Langres le vénérable évêque de Versailles, autre prélat sorti de l'école de Luxeuil. Mais quoi ! Encore un deuil pour Luxeuil, pour la Comté, pour le clergé français, pour l'Eglise universelle ! L'évêque de Versailles avait précédé de quelques mois l'évêque de Langres dans les rangs de l'épiscopat ; il le suit de plus près encore dans les ténèbres de la mort. Ce n'était donc pas assez que ma chère province pleurât le premier au jour de ses funérailles, il fallait pour le quarantal une seconde perte à déplorer, et je devais confondre dans le même éloge et le même regret les deux gloires épiscopales du nouveau Luxeuil. L'Eglise de Versailles, à l'heure même où je vous parle, reçoit la dépouille mortelle de son évêque, ramené de la Ville Éternelle, et pour mettre le comble à tous ces rapprochements, elle célèbre ses obsèques au moment même où nous faisons à son compatriote, à son frère d'armes, à son ami les derniers adieux de la province qui les a vus en même temps s'élever, s'illustrer et mourir. O mort ! ne cesseras-tu de frapper l'Eglise de Besançon ! Prêtres de Jésus-Christ qui la représentez dans cette enceinte, vous citez du moins pour vous consoler aujourd'hui les missionnaires, les religieux, les pasteurs des âmes formés sans bruit dans cette école où la sagesse avait pris les traits du supérieur le plus aimable et le plus vénéré. Vous vous rappelez comment dans les cérémonies et dans les fêtes ce saint prêtre dont le monde ne connaissait guère que le nom, paraissait à la tête de ses confrères et de ses élèves avec cette haute contenance qui tenait tout à la fois et de la noblesse de la nature et de la piété du sanctuaire. Ni les habitants de Luxeuil, ni les étrangers

qui fréquentent cette ville dans la saison des bains ne
pouvaient se défendre, en le voyant passer, de prédire ses
destinées futures. « Il sera évêque, » disaient-ils en s'in-
clinant devant lui, et si la voix du peuple eût été écoutée,
il aurait été porté, dans tout l'éclat de sa jeunesse, comme
les religieux sortis de l'antique abbaye, de la chaire modeste où il enseignait des enfants, à un trône épiscopal où
sa parole aurait retenti, avec autant de justesse que d'éclat,
parmi les oracles du clergé français.

Mais son élection pour être retardée n'en sera que plus
sûre. Il devait faire l'apprentissage de l'épiscopat dans
les conseils de cet illustre archevêque de Besançon que
nous ne nommerons jamais sans émotion, que Langres
n'entendra jamais citer sans regret. Un sage venait d'en
sortir pour gouverner l'Eglise de Nîmes (1) ; Mgr Mathieu
y appelle un autre sage auquel il apprendra à gouverner
un jour l'Eglise de Langres. C'est ici qu'il faut encore
admirer le tact parfait et la sagesse profonde du pasteur
qui vous était destiné. L'abbé Guerrin s'efface à mesure
qu'on l'élève et le grand vicaire de Besançon occupe
moins la renommée que ne l'avait fait le supérieur du
séminaire de Luxeuil. Ne lui dites point qu'il tient la
seconde place dans une grande métropole, sa modestie
voudrait faire croire qu'il n'a rien fait et qu'il ne peut rien
faire. Il n'y a pas jusqu'aux petits accidents de sa santé
dont il ne se serve pour s'humilier encore, et cependant
on le trouve partout où l'appelle le devoir. Il est à l'heure,
il est au poste, tantôt débattant avec les communes et les
fabriques les intérêts des paroisses, tantôt visitant les
écoles et les séminaires, tantôt éclairant par de sages
avis la conscience sarcerdotale qui s'en remet à sa discrétion, toujours grave, toujours ferme, toujours charitable,

(1) Mgr Cart, nommé évêque de Nîmes le 22 novembre 1837.

et par l'utile concours qu'il apporte à toutes les entreprises, plus digne que jamais d'estime, de confiance et
d'affection.

Voulez-vous savoir quel est l'objet de ses préférences ?
Cherchez quelle est à Besançon la prédication la plus
obscure et la moins courrue ; vous trouverez un groupe de
pieuses dames qui, sous le nom de dames de la Mission, se
réunissent chaque mois pour s'entretenir dans les sentiments de piété que la grande mission de 1825 avait fait
naître dans leur âme. Elles sont cinquante à peine,
l'œuvre est ignorée. C'en est assez pour que M. l'abbé
Guerrin les adopte, les prêche et les soutienne dans la
solitude de leur humble sphère. Cherchez quelle est parmi
les maisons religieuses de la ville celle qui a le moins de
relief et le plus de besoirs, on vous citera les Petites-Sœurs
dont le couvent commence à peine. M. l'abbé Guerrin qui
en a conseillé l'établissement à une pieuse fille d'un rare
mérite le soutient de sa présence et de ses aumônes. Il y
dit la messe chaque matin, il y revient le soir, si l'intérêt
des pauvres vieillards l'exige encore ; il est auprès de la
fondatrice ce que fut S. Vincent de Paul auprès de Mademoiselle Legras, un confesseur, un ami, un père. Non, je
ne m'abstiendrai point de nommer Mademoiselle Junot
devant les autels. Elle a participé aux mérites inconnus
de la vie que nous célébrons ; elle a été à la peine, à l'obs-
curité, à l'oubli ; qu'elle ait, avec celui qui a été son père
en Jésus-Christ, son jour de gloire dans l'assemblée des
chrétiens.

A force de s'oublier, M. l'abbé Guerrin eût fini par être
oublié des hommes, si le grand prélat qui prenait ses conseils n'avait voulu en faire jouir l'Eglise de Langres, en
tirant la lumière de dessous le boisseau et en la mettant
sur le chandelier. Mais quelle épreuve pour sa modestie
et quelle sainte violence ne fallut-il pas faire à sa volonté !
Le décret qui l'appelait à l'Evêché de Langres était déjà

BIBLIOTHÈQUE NATIONALE
R. F.
IMPRIMÉS

rendu public que sa vertu résistait encore, nous l'avons
vu verser des larmes, accuser son indignité, écrire une
lettre pleine d'attendrissement pour faire agréer son refus.
Comment triompher de tant de répugnance ? Il n'y fallut
rien moins que les représentations de deux cardinaux
jointes aux instances de son prédécesseur et aux démar-
ches de la nonciature apostolique. Il cèda enfin, mais il
se flatte encore que quelque évènement inattendu retar-
dera sa préconisation ou son sacre et que Dieu disposera
de lui avant l'heure du sacrifice. Non, Pie IX a parlé, la
cause est finie; l'huile sainte a coulé sur son front, le
sacrifice est consommé. Le jour de son sacre fut pour le
diocèse de Besançon le jour des plus touchants adieux. Le
jour de son entrée dans cette ville fut pour l'Eglise de
Langres le jour des noces les plus joyeuses ; vous fixiez
sur lui des regards attendris ; vous interrogiez son front,
sa démarche, ses lèvres, son sourire, vous cherchiez à
deviner les destinées de ce diocèse. Ses cheveux blanchis-
saient à peine et, malgré trente-six ans de sacerdoce, vous
pouviez lui promettre un long et heureux épiscopat. Non,
vos vœux n'ont pas été trompés et vous vous apprêtiez à
renouveler dans cette cathédrale, après vingt-cinq ans de
mutuel amour, la fête solennelle de ces premières noces.
La mort vons a devancés de quelques jours. O mort ! pour-
quoi viens-tu nous offusquer de ton ombre importune ! O
mort ! éloigne-toi et laisse nous tromper un instant nos
regrets par le souvenir de notre bonheur. Je dois dire encore combien l'évêque fut semblable au prêtre, et comment cet épiscopat qui vient de finir peut être appelé le
règne de la sagesse. *Erat quippe valde sapiens.*

II

Ce n'est pas sans une vive appréhension qu'un prêtre doit monter sur le siége épiscopal de Langres. Il y trouve une grande tradition à continuer et comme un poids immense de gloire à soutenir. Ce n'est plus, il est vrai, l'étendue du territoire, le rôle politique, le titre de duc et pair de France qui peuvent effrayer la timidité ou déconcerter la faiblesse. Mais le temps qui a dépouillé l'Eglise de Langres de ses biens et de ses honneurs, lui a laissé une renommée plus grande que sa juridiction actuelle, et le clergé qui la sert, nourri par de fortes études, ne cesse d'ajouter à son histoire en donnant à la théologie, aux belles lettres, à la chaire chrétienne les plus dignes interprètes. Enfin, pour mettre le comble à ses mérites dans le siècle présent, deux archevêques de Paris sont sortis de cette terre féconde en hommes de bien, et leur mémoire ne périra jamais : l'un fils d'un ouvrier, l'autre fils d'un paysan ; tous deux, avec le caractère le plus divers pour ne pas dire le plus contraire, attachés à leur pays par les plus tendres souvenirs ; celui-là meurt dans son lit, comme sous le coup d'une tristesse profonde, avec le pressentiment de la persécution qui attendait son successeur ; celui-ci achève sa vie en prison et tombe sous la balle ; et on ne saurait dire lequel des deux a le mieux tenu la palme du martyre.

Ainsi l'Eglise de Langres, même amoindrie par la Révolution, semble avoir fait un pacte avec la gloire et je ne suis pas surpris que Dieu ait continué à prédestiner les plus illustres parmi les plus dignes pour occuper un si grand siége. On ne nommera jamais le cardinal de la Luzerne sans se souvenir qu'il a composé à Langres ses plus solides ouvrages. Le cardinal Mathieu n'a fait qu'y passer, c'en'est assez pour qu'on se le rappelle toujours avec autant de reconnaissance que d'admiration. C'est sous le titre d'évêque de Langres que Mgr Parisis a revendiqué avec tant d'éclat et de fermeté les libertés de la sain Eglise : comme les la Luzerne et les Mathieu il a honoré, servi, vengé l'Eglise dans nos assemblées politiques ; et le jour où il vous a quittés pour administrer le diocèse d'Arras, il avait déjà couronné son premier siége de toutes les palmes de son immortalité.

En succédant à tant de gloire, Mgr Guerrin s'humilia devant le Seigneur et commença son ouvrage par un trait de sagesse. Il ne chercha pas d'autres auxiliaires que ces prêtres vénérables, si chers à votre reconnaissance, que ses prédécesseurs avaient associés au gouvernement du diocèse de Langres. (1) Ne vous plaignez pas que la renommée n'ait point porté son nom aux extrémités de la terre. C'était le conseil de Dieu de vous donner un évêque qui fût à vous sans partage, et qui vous démeurât pour toujours. Cet évêque est à vous et vous êtes à lui. Ses préoccupations, ses soins, ses sueurs, son corps, son âme, tout vous appartient. N'accusez point sa lenteur, cette lenteur est un bienfait quand on ne cesse d'agir, de bâtir, de planter, d'édifier, de donner, de se donner soi-même, de se donner encore, de se donner toujours. Réjouissez-vous, c'est la sagesse même que vous possédez *et tous les biens vous viendront avec elle* (2). La sagesse de l'évêque, c'est le zèle pour le salut de son peuple et pour sa propre sanctification. Ecoutez et jugez s'il a manqué quelque chose aux œuvres de sa vie publique ou aux vertus de sa vie privée. Non, il n'y a eu ni défaillance, ni lacune, ni secrète im-

(1) MM. Barrillot, Vouriot, Bavoillot. vicaires-généraux de NN. SS. Mathieu et Parisis.

(2) *Venerunt mihi omnia bona pariter cum illá* (Pap. VII, s 2).

perfection. L'homme du dehors était profondément sage, l'homme du dedans était plus sage et plus parfait encore.

A la tête de toutes ses œuvres plaçons le collége de l'Immaculée Conception dont Mgr Parisis avait jeté les fondements, mais qu'il a lui-même consolidé, agrandi, élevé au plus haut degré de la fortuue et de l'honneur. Il prodigue aux élèves les marques de sa paternelle affection, il éclaire et dirige les maîtres soit par ses lettres, soit par ses conférences et ses entretiens, il fait du collége de St-Dizier, l'un des colléges les plus renommés de notre France. La ville qui le possède a hautement apprécié ce bienfait, et on ne saurait l'en remercier trop publiquement dans un siècle où l'éducation chrétienne rencontre tant de contradicteurs. Enfin les provinces voisines témoignent assez combien cette maison est chère aux familles chrétiennes, puisqu'elles ne cessent d'y envoyer des élèves qui le recommandent par leur travail et par leur succès. Ainsi prospère ce beau collége, tandis que le petit séminaire de Langres, placé sous le regard de l'évêque, soutient sa vieille réputation et garde un des premiers rangs parmi nos grandes institutions diocésaines. Ce n'est pas encore assez pour la sollicitude épiscopale. Mgr Guerrin développe une maîtrise que toutes les cathédrales vous envient ; les arts et les lettres y fleurissent dans un parfait accord, et les vocations ecclésiastiques y trouvent un sûr abri. Voilà comment votre évêque suscite partout des recrues à la tribu sainte, et si le recrutement semble se ralentir, il jette le cri d'alarmes, il intéresse à l'entreprise l'honneur des prêtres, la piété des fidèles, la générosité de tout le diocèse, jusqu'à ce que l'avenir soit assuré, et que l'on voie naitre, croître, grandir partout les espérances du siècle futur.

Ce n'est pas seulement pour la magistrature, l'armée, les administrations publiques, le sacerdoce, qu'il prépare les générations nouvelles. Les petits avaient dans son cœur une part égale à celle des grands, et ce qu'il a fait pour eux est incroyable. Non-seulement St-Loup, Brachay, Morey lui doivent l'agrandissement de leur pensionnat, mais il a encore l'heureuse pensée d'élever et de nourrir, à l'ombre de l'une de ces florissantes maisons, de pauvres jeunes filles sans parents, qu'il prend à sa charge, dont la guerre ne cesse d'augmenter le nombre, et qui, par sa mort, deviennent orphelines pour le seconde fois. Ajoutez à cela l'œuvre de Villegusien placée sous le vocable de *la Sainte Enfance de Marie*. Il prêche, il écrit, il quête pour cet asile ouvert aux enfants les plus pauvres et les plus abandounées. Ailleurs, c'est l'institut agricole de Plongerot qu'il couvre de sa haute influence et qu'il comble de ses plus abondantes bénédictions. C'est Malroy, non moins cher à son cœur, puisqu'on y donne l'instruction primaire professionnelle et qu'on y forme des instituteurs animés d'un bon esprit et d'un sincère dévouement. Voilà les œuvres dont il a pris l'initiative; ajoutez-y tant de communautés déjà anciennes qu'il entretient dans leurs traditions de zèle et de sacrifice, en sorte qu'il n'y a pas dans toute la jeunesse de son diocèse une seule classe, si oubliée du monde, un seul être si disgracié de la nature ou de la fortune, dont il n'ait pris le plus charitable soin. Non, il n'y a point d'évêque à qui il ait été donné de répéter avec plus de vérité la parole du Maître : « *Venez à moi, vous tous qui êtes fatigués, et je vous soulagerai* (1). »

A côté de ces institutions destinées à l'enfance et à la jeunesse, il faut des hommes de Dieu qui rompent à tous les âges le pain de la parole, Langres aura donc ses missionnaires, et ses missionnaires porteront l'habit de saint Dominique. Quelle utile institution ! quel choix judicieux !

(1) *Venite ad me omnes qui laboratis et oneratis estis, et ego reficiam vos.*

Mgr Guerrin savait combien ce diocèse avait tenu de place dans les affections du P. Lacordaire; il était assuré que l'immortel restaurateur des Frères Prêcheurs aurait du haut du ciel un regard particulier de bienveillance et de protection pour cette terre où il avait laissé une part de son cœur. O Bussières! ô doux souvenir de la famille et de l'amitié! souffrez que je vous évoque aujourd'hui. Soyez propice aux Dominicains de Langres, et vous, mes Révérends Pères, continuez à servir avec toute la reconnaissance qu'on peut attendre de vous une Eglise vers laquelle le P. Lacordaire a si souvent dirigé ses yeux et ses pas, et où tant de cœurs l'ont tendrement aimé.

Mais votre évêque ne fut-il pas lui-même le plus intrépide et le plus sage des missionnaires? Je ne vous parle pas seulement de ces instructions pastorales si pleines de sève et de doctrine, où l'onction coulait comme à pleins bords et où la sagesse éclatait à toutes les lignes avec la charité. Sa voix est demeurée, comme sa plume, chère à tout le pays et on ne s'est lassé nulle part ni de le lire ni de l'entendre. Il monta en chaire jusqu'à la fin dans toutes les paroisses et se fit un devoir de les instruire par ses entretiens paternels. Rappelez-vous ses tournées pastorales entreprises malgré la saison mauvaise, poursuivies malgré la fatigue, achevées malgré les accidents qui ont plus d'une fois entravé sa marche. Rien ne le retient, ni l'âge qui finit par se faire sentir avec tout son poids, ni les conseils des médecins qui auraient voulu ménager ses quatre-vingts ans; rien ne l'arrête, ni les menaces ou les ravages de la peste, ni ces affreuses nouvelles qu'un télégramme nous apporte et qui font jeter à l'âme un cri de surprise et de douleur. Il visite son diocèse cinq ou six fois, il consacre plus de cinquante églises, et quand il arrive à la dernière, voilà que pour éprouver sa grande âme, à l'heure même où il faut prendre le vase de la consécration, une dépêche lui annonce la mort d'un frère bien-aimé. Son cœur saigne, mais son âme résiste. Il commence, mais les larmes étouffent sa voix. Il s'arrête deux fois, mais deux fois le devoir l'emporte ; la cérémonie s'achève, le sang de la sainte victime peut couler avec les larmes du vieil évêque sur la pierre toute imprégnée de l'huile de la consécration. Cet autre Ambroise n'a pas eu la consolation de serrer encore une fois son frère entre ses bras. Déjà il avait perdu ce qu'il aurait voulu embrasser encore, mais il revoyait devant Dieu ce frère chéri, il se tournait vers Besançon pour l'appeler, lui reprochant peut-être de l'avoir précédé et le suppliant de venir à sa rencontre sur le chemin du Paradis.

Ce jour tarda encore à sonner. L'évêque de Langres devait avoir ses joies comme il avait eu ses peines et ses douleurs. La peine la plus sensible à la sagesse de ce grand cœur, ce fut de voir Notre Saint-Père le Pape parcourir les longues stations de ce Calvaire où la révolution le traîne depuis trente ans comme Jésus-Christ, comme lui dépouillé, captif comme lui, buvant comme lui le fiel et l'absinthe. Ah ! s'il nous faut nous taire devant les hommes sur ces choses qu'on ne veut plus ni supporter ni comprendre, constatons que la langue est trahie aussi bien que la vérité et qu'aujourd'hui, comme au temps de Tacite, les mots ont perdu leur sens en même temps que la justice a perdu ses droits : *Nos vera rerum vocabula amisimus*. Mais retournons-nous avec Pie IX, avec votre évêque, avec toute la chrétienté vers Jésus crucifié pour implorer le pardon des bourreaux qui crucifient son Vicaire, et par l'épée, et par la langue, et par la plume : « *Pardonnez-leur, parce qu'ils ne savent ce qu'ils font.* » Voilà la dernière expression de la sagesse épiscopale dans le douloureux silence qu'on impose à sa bouche. Mais cette douleur a sa compensation et sa revanche. Pie IX, élevé plus haut que jamais sur la croix du Calvaire, est acclamé plus que jamais dans l'univers comme le docteur infaillible et le pasteur universel. La définition de l'infaillibilité pontificale fut la grande joie de votre sage Pontife. Il était en effet de sa sagesse de la souhaiter, de la demander, de la souscrire, de l'acclamer. Ce devoir, il l'a rempli avec quelle foi vous le savez! Et quand à son retour de Rome son patriotisme fut mis à l'épreuve par une cruelle guerre et une invasion plus cruelle que la guerre, ce fut pour votre premier pasteur le sujet d'une nouvelle douleur et d'une nouvelle consolation, où sa sagesse se révéla par de nouveaux traits. Quelle douleur d'être enfermé dans ses remparts pendant cinq mois avec les braves qui les gardaient, d'entendre gronder le canon et siffler la balle, de voir rapporter les héros sur le bouclier funèbre, d'ensevelir ses larmes dans le linceul de leur gloire ignorée! Mais quelle joie pour cet évêque vraiment français, quand l'ennemi s'éloigne, quand sa ville épiscopale est délivrée sans avoir perdu ni une pierre ni un canon, quand il peut élever et dédier à Marie, en face de ces remparts, que le pied de l'étranger n'a pas foulés, la chapelle où l'on racontera de génération en génération les épreuves du soldat, les alarmes des mères, le courage, la piété, la reconnaissance de tout le pays.

Tout est dit, ce semble, à la louange de ce sage pontife et cependant je n'ai rien dit encore, puisqu'il me reste à le peindre dans l'intérieur de son palais et dans la solitude de sa grande âme. Ah! vous pouvez écrire sur son tombeau sans crainte de vous tromper : *Omnis gloria ejus ab intus* (1) : Toute sa gloire fut au dedans. J'appelle sa demeure un palais pour me conformer à l'usage, appelez-la plutôt une retraite, tant le silence en est profond. Quelque recueillie qu'elle paraisse, elle l'est bien plus encore qu'on ne saurait le croire. Telle il l'a trouvée, telle

______

(1) Psalm. xliv, 14.

il la quitte, après un séjour de vingt-cinq ans, sans en avoir changé la disposition, sans y avoir déplacé un livre, un meuble, un portrait. On dirait une hôtellerie où il n'a fait que s'asseoir en passant, et où ses regards se sont à peine fixés sur les objets qu'elle renferme et sur les arbres qui l'entourent. Quoi! pas même une promenade dans le parc étroit, excepté avec quelques amis que son diocèse lui donne, ou que la Comté lui envoie! Pas même une heure de distraction entre les devoirs qui partagent sa journée! Dieu en avait la meilleure part, et les affaires se disputaient le reste. Toutes les fois qu'on abordait votre évêque, on eût dit un saint arraché de sa cellule. Mais son front ne trahissait pas le moindre mécontentement ni même la moindre surprise. Il se doit à tous, à tous il se donne. Il se donne du premier coup, il se donne tout entier et sans se retenir. Il écoute patiemment, et qu'est-ce que l'art d'écouter sinon l'art de se donner? Il répond pertinemment, avec calme et avec mesure, avec discrétion et avec charité. Vous ne citeriez jamais ni un mot désobligeant, ni un mouvement d'impatience dans ses conversations, mais il ne se refuse pas à une agréable plaisanterie, et quand elle s'échappe devant lui, ses lèvres ébauchent ce sourire que l'Ecriture permet à la bouche du sage : *Sapiens quidem vix tacite ridebit.*

Suivez-le maintenant dans sa chapelle, ou bien dans ces maisons religieuses où il va visiter le Saint-Sacrement. Cette visite que la foi lui commande a été d'un bout de sa vie à l'autre l'heure la plus douce de sa journée. Le sentiment de la présence réelle dont son âme était pénétrée exerçait sur son corps comme une sorte de douce pression et le tenait pendant de longues heures le front courbé, les mains jointes, les genoux abîmés dans la poussière. Cette posture suppliante était devenue à la fin comme une habitude familière à toutes ses actions. C'est à genoux qu'il médite, à genoux qu'il lit la sainte Ecriture, à genoux qu'il examine sa conscience, à genoux qu'il étudie les grandes affaires. L'histoire dira qu'il est allé s'asseoir au Concile du Vatican, qu'il a été assidu à toutes les séances, qu'il a prêté à tous les discours une scrupuleuse attention, et qu'il a fait, dans les conférences épiscopales dont il était membre, l'admiration de ses vénérables collègues. Mais il appartient aux compagnons de son voyage de dire qu'il ne rentrait des séances solennelles ou des conférences particulières que pour s'agenouiller la plume à la main et solliciter du Père des miséricordes les vives lumières dont il sentait le besoin. Les Pères du Concile ont entendu le docteur et lui ont rendu hommage ; pour nous, notre édification a été plus grande, nous avons vu le saint dans sa prière, nous avons compris que la piété était pour lui la science, la force, la sagesse et comme le tout de sa grande âme.

Combien il estimait peu le corps que saint Paul appelle un corps de péché et comme il le réduisait en servitude ! La sobriété était sa loi, et il suffit d'être un sage pour se l'imposer. Mais votre évêque ne se croit pas seulement tenu à la rigueur du précepte, il s'impose la perfection du conseil, et plus le relâchement domine, plus il se croit obligé de protester contre le relâchement par ses exemples. Autant il voit la mollesse se répandre et dominer dans le monde, autant il réagit contre lui-même avec toute l'énergie de sa liberté. L'ardeur avec laquelle le siècle dévore le plaisir ne fait qu'accroître la soif ardente qu'il a de se mortifier, de souffrir, d'expier. Il allait dans cette voie du crucifiement, châtiant sa chair au lieu de la ménager, et n'imaginant pas que l'âge, les fatigues, l'affaiblissement du corps pussent diminuer les obligations saintes de l'abstinence ou du jeûne. Il allait, sans regarder qu'il allait à la mort. Allons mon âme, se disait-il, puisque la vie est le combat de la chair contre l'esprit ; il faut redoubler d'efforts en approchant du terme, et quand tu n'auras plus qu'un souffle et qu'un soupir à exhaler ici bas, va l'exhaler encore sur le Calvaire, entre les bras de la croix avec le dernier soupir et le dernier souffle du Dieu qui s'est fait homme pour nous.

Tant de piété et de mortification ne donnent encore qu'une idée incomplète du sage que vous avez perdu. Sa charité fut plus prodigieuse que tout le reste : *Major autem horum est caritas* (1). Il aimait les pauvres, et les pauvres lui composèrent comme une cour d'honneur. Ce n'est pas assez qu'il les réunisse dans les églises et qu'il leur fasse l'aumône au sortir de la messe du dimanche. C'est encore trop peu que son palais soit leur asile et que jamais pauvre n'y soit entré sans revenir assisté, consolé et béni. Qu'est-ce que ses aumônes publiques en comparaison de ses aumônes secrètes ? Voici l'abîme de charité où s'engloutit toute son épargne. Ce qui me frappe, c'est qu'en signalant cette pieuse prodigalité à laquelle tout le diocèse rend hommage, on ne puisse pas en citer un seul trait, tant sa gauche a ignoré ce que donnait sa droite. Quelquefois on sait, après la mort, ce que les hommes bienfaisants ont fait pendant leur vie. Quelques notes oubliées, quelques confidences trahies révèlent leur grand cœur, on apprend alors les plus belles choses qui deviennent l'entretien de la piété et qui vengent l'Eglise des injustices du monde. N'attendez pas ici un pareil spectacle. Point de papiers indiscrets, point de noms, point de chiffres. Non, vous ne retrouverez pas le budget des aumônes épiscopales ; la part des pauvres, c'était de tout avoir. Votre évêque donnait tout, il donnait, au jour le jour, son pain, ses vêtements, ses chaussures, son argent. Ses serviteurs s'en plaignaient, mais ses serviteurs ne savaient pas jusqu'où allait son détachement. Maintenant

(1) 1. Cor. 13.

tout se dessine, venez voir ces armoires vides ; venez visiter ce palais plus misérable qu'un cloître, et où il n'y a que les meubles de l'Etat qui fassent quelque figure. Ouvrez cette bourse, il n'y reste que 25 francs. Vingt-cinq francs pour vivre douze jours entiers jusqu'à l'échéance du trimestre, deux francs par jour, pour l'évê-que et pour sa maison, c'est à peine de quoi soutenir le ménage de la veuve, c'est le salaire de l'ouvrier qui commence à peine à manier l'outil de son état !

Le salaire de l'ouvrier, voilà donc ce qui se trouva, après vingt-cinq ans d'épiscopat, au fond de la bourse de l'évêque de Langres, le jour de sa mort qui fut le jour de la fête de St Joseph. Il était digne de mourir ce jour-là puisqu'il vivait depuis si longtemps à cette grande école de mortification et de charité. Il le pressent peut-être, mais rien n'en transpire au dehors, tant sa sagesse redoute d'attirer le regard. Il s'y prépare sans le dire, achevant son testament, marquant le lieu de sa sépulture, exhortant à la mort cette humble et noble fille de Besançon dont il dirigeait la conscience depuis tant d'années, et qui, clouée sur son lit de douleur, attendait, ce semble, pour mourir ses dernières consolations et ses derniers conseils. Ecoutez comme ces deux âmes s'entretiennent du moment suprème. Le 19 mars au matin, l'évêque prend la plume pour la dernière fois, il écrit aux Compagnes de Mademoiselle Junot. « Il me semble que c'est saint Joseph « au jour de sa fête, qui viendra chercher son humble « servante. Dites à la chère malade que je lui envoie ma « meilleure bénédiction, et que reprenant les paroles du « confesseur de Louis XVI, je lui dis à elle : fille de la « croix, montez au ciel. » La lettre est close, la lettre part, mais celui qui l'a faite est parti avant elle, pour le ciel qu'il venait d'entr'ouvrir. La lettre arrive et la mourante peut l'écouter encore. Mais la nouvelle fatale arrive avec la lettre, et cette nouvelle est pour l'âme qui agonise un signal définitif. Partez, fille de la croix, partez, votre confesseur vous devance, partez, votre père a déjà reçu la palme, et le voici qui vous regarde venir du haut des collines éternelles pour vous associer à son triomphe.

Mais pendant que je vous peins la scène de Besançon, j'oublie que je vous dois rappeler la scène de Langres, plus grande et plus émouvante encore. Votre évêque, après avoir élu sa sépulture au pied de ces autels, avait voulu y venir implorer le patron de la bonne mort. Il se dirige vers cette cathédrale, comme il le fit il y a vingt cinq ans, le jour où il en prit possession, avec son grand air, sa tenue modeste, son maintien plein de dignité. Il était le même, mais l'église de St-Mammés était plus belle que jamais. Elle avait raffermi ses fondements, restauré ses voûtes, agrandi ses nefs et rajeuni sa parure. La voilà, saint Pontife, telle que la voulait votre piété, telle que l'art la demandait pour être digne de son patron et de tous les souvenirs de son glorieux passé. La voilà, pleine de prêtres et de fidèles, entrez, l'office commence et l'autel est prêt pour vous recevoir. Il entre, il se revêt des habits pontificaux, et quand il a dans les mains les insignes de la sainte milice, la mort le frappe sous les armes, comme le soldat au milieu du camp. O vieille et immortelle basilique, vous n'avez donc été rétablie avec tant de grandeur que pour lui servir de linceuil ! O chrétiens, vous ne vous étiez donc réunis dans cette enceinte que pour apprendre plutôt le coup qui vous accable ! Il tombe, pendant qu'on chante à côté les louanges de saint Joseph et les espérances de l'Eglise. Il est tombé, et il n'a pas poussé un cri ni laissé entendre un soupir. Oh ! c'est le corps qui tombe de fatigue, de lassitude et d'épuisement, mais l'âme s'est envolée, joyeuse et triomphante, au milieu de vos chants et de vos prières. O Elie ! o mon père ! c'est donc dans cette cathédrale que le char d'Israël vous attendait. Je vois auprès du chœur divin cet ange aux ailes étendues, que vous aviez invoqué tout les jours comme le gardien de votre épiscopat et dont l'image composait tout votre blason, (1) il donne à ses ailes un essor plus vif, il vous guide plus sûrement que jamais, il vous mène dans les hauteurs, vous enlève au ciel : *Pater mi, pater mi, currus Israël et auriga ejus.* (2)

Célébrez maintenant, prêtres et fidèles, par d'unanimes louanges, le père que vous avez perdu. Déclarez que pour trouver de telles vertus il faut remonter aux premiers siècles du christianisme. Votre évêque qui prévoyait tout, a fini par un trait de magnifique imprévoyance ; il n'a pas laissé de quoi se faire enterrer. Eh bien ! vous revendiquez comme un grand honneur et comme un grand devoir le soin de lui bâtir un tombeau. Le conseil municipal de Langres commence l'entreprise, digne et patriotique interprète des vœux de toute la cité ; le conseil général de la Haute-Marne s'associe à cette pensée, avec les plus grandes louanges et l'offrande la plus généreuse, exprimant ainsi le sentiment de tout le diocèse. La France vous applaudit, l'Eglise vous remercie, l'histoire vous félicitera d'avoir compris, reconnu, apprécié tant de sagesse, vous direz à vos enfants, et vos enfants rediront de génération en génération à toute leur postérité en montrant ce monument élevé par la reconnaissance publique. « L'Eglise de Langres a encore des Saints ; allons prier au tombeau d'un Saint. »

BIBLIOTHEQUE NATIONALE R.F.

(1) Mgr Guerrin avait pour armes un ange aux ailes étendues et pour devise *Angele Dei, custos sis mei.*

(2) IV. Reg. 11, 12.

Langres, imp. Firmin Dangien.

142

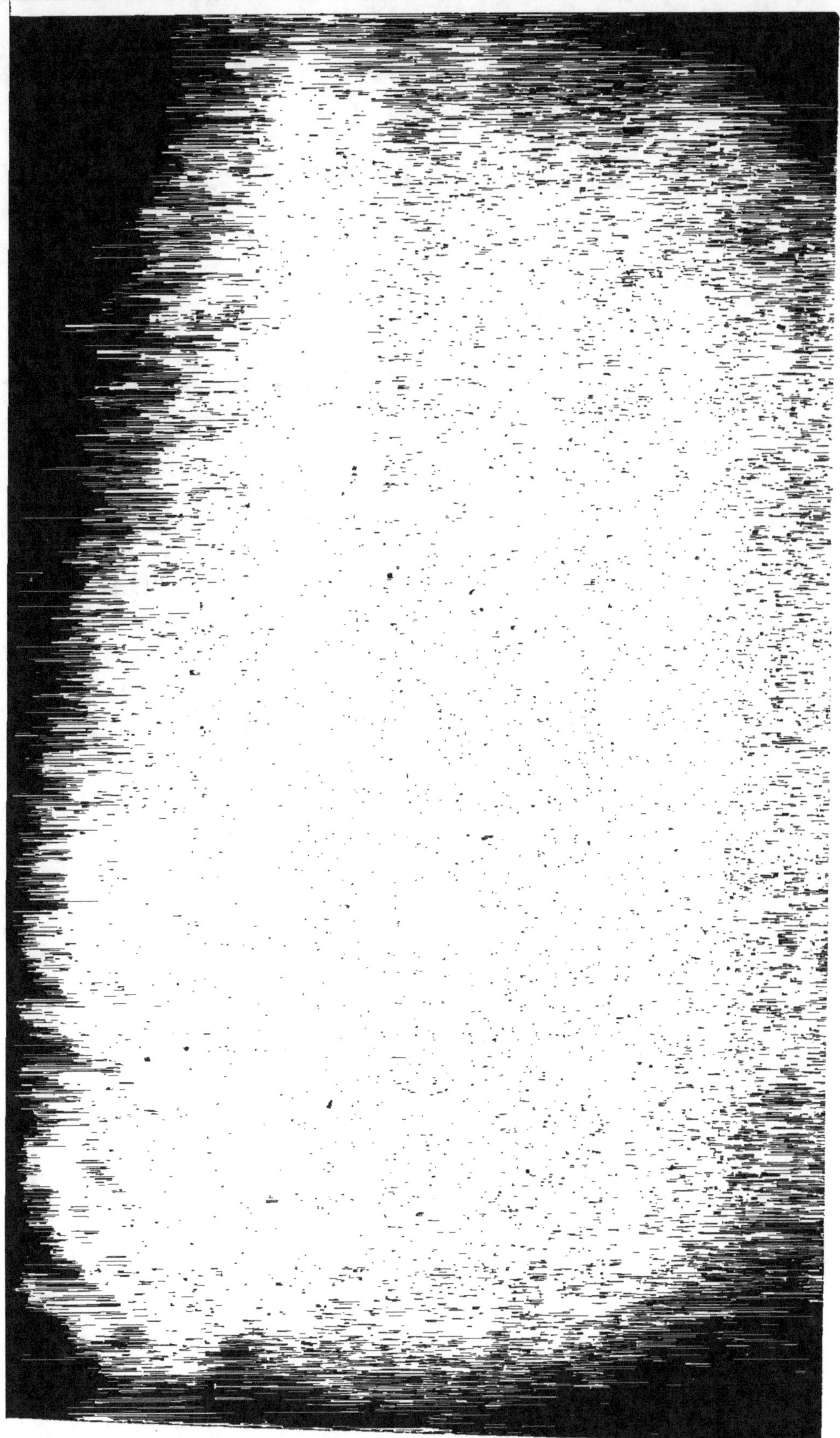

ON TROUVE

A LA LIBRAIRIE FIRMIN DANGIEN, A LANGRES

—

SOUVENIR MORTUAIRE DE MGR GUERRIN

Belle image représentant au recto la mort de saint Joseph, avec texte spécial à Mgr Guerrin au verso. Prix : 20 cent.; la douzaine, 2 fr. 50, et *franco* par la poste 2 fr. 60.

TRÈS-BEAU ET TRÈS-GRAND CHOIX DE

PHOTOGRAPHIES DE Mgr GUERRIN
EN VIE

depuis la photographie timbre-poste à 0 f. 10 cent., jusqu'à la grande photographie-tableau (50 centimètres) à 6 fr.

Photographies de Monseigneur exposé sur son lit funèbre à la chapelle ardente de l'Évêché, carte de visite, 1 fr., et carte-album, 1 fr. 75.

Monseigneur exposé à la cathédrale, photographie pour stéréoscope, 1 fr. 25.

10 cent. en sus pour l'envoi par la poste.

PHOTOGRAPHIE DE L'INTÉRIEUR DE LA CATHÉDRALE SAINT-MAMMÈS

avec les décorations funèbres du jour du service quarantal de Mgr Guerrin.

Format carte de visite . . . . 1 fr. »»
Format carte-album . . . . 1 fr. 75

10 centimes en sus pour l'envoi par la poste.

www.ingramcontent.com/pod-product-compliance
Lightning Source LLC
LaVergne TN
LVHW050319030726
842520LV00005B/1680